SAMARCANDE.

# LES EXPLORATIONS DE M. BONVALOT

## I

GABRIEL BONVALOT.

M. BONVALOT (Pierre-Gabriel) est né à Epagne (Aube), en 1853. Après avoir fait ses études à Troyes, il passa plusieurs années de sa jeunesse à voyager en Europe pour observer les mœurs des divers pays et s'initier à la connaissance des langues. En même temps il s'occupait de la géographie et de toutes les branches qui s'y rattachent. Il se sentait attiré comme par un mystérieux aimant vers les régions peu explorées, et il était tout particulièrement hanté du désir de visiter l'Asie centrale, ce théâtre de tant d'événements historiques. En 1880, ce projet, si ardemment caressé, trouva un moyen d'exécution dans la mission confiée par le ministre de l'instruction publique à M. de Ujfalvy et dont M. Bonvalot fut autorisé à faire partie avec un naturaliste, M. Capus. M. de Ujfalvy, une fois arrivé à Tachkent, crut devoir quitter le Turkestan, en décembre 1880, pour rentrer en France, et MM. Bonvalot et Capus se séparèrent de lui.

Retenus à Tachkent par le mauvais temps, ils profitèrent de ce séjour forcé pour recueillir sur l'ethnographie de cette contrée de précieux renseignements. Dans leur premier voyage à l'Amou-Daria et aux frontières des Afghans, ils parcoururent et étudièrent, surtout au point de vue de l'histoire naturelle, le steppe presque inconnu de Karschid-Kelif. Les premiers, ils découvrirent les ruines de la vaste nécropole de Chahri-Saman dans la vallée de Souskhane. Ils visitèrent le haut Oxus, le Kohistan, les vallées du Sérafchan et du Yagaou et regagnèrent la Caspienne en traversant le plateau d'Oust-Ourt. Grâce à leurs indications, on put corriger les erreurs des cartes pour cette partie du bassin de l'Amou-Daria, corrections d'autant plus utiles, que la *Géographie universelle* d'Élisée Reclus, dont le volume sur l'Asie centrale était déjà publié, n'avait pu combler cette lacune.

Les autorités russes (1) les secondèrent dans leur expédition; ils virent une partie du Bokhara en compagnie de la famille d'Abdourrhaman (2), l'émir afghan, et la générosité de M. Bischoffsheim subvint à leurs frais.

## II

Ce voyage de près de deux ans, raconté par M. Bonvalot dans la *Revue des Deux Mondes*, et dans deux volumes (3), qui eurent un grand succès, n'était, à vrai dire, que le prélude des ses investigations de l'Asie centrale. En 1885, il obtint une nouvelle mission au cœur du continent asiatique. Le Pamir septentrional, vers lequel il allait se diriger, avait cessé d'être parcouru dans un but scientifique depuis l'époque de la prépondérance chinoise. Les conquêtes géographiques sur ce plateau, considéré comme le « toit du monde » et le berceau de l'humanité, n'avaient recommencé qu'en 1861, trente-deux ans après la célèbre exploration d'Alexandre de Humboldt en compagnie de Rose et d'Ehrenberg. En 1870, deux Russes, Abramoff et Fedchenko, remontent le haut Serafchan jusqu'au lac Iskander-Koul où il prend sa source; en 1871, Chepeleff franchit la passe si difficile de Mouzart, qui conduit à Kachgar. La même année Fedchenko, dont la plupart des travaux d'une si haute valeur sont encore inédits, même en russe, continue son voyage dans le Khokand; puis Skobeleff et Markosoff ouvrent, dans la région transcaspienne, ces routes qui devaient favoriser la campagne de 1873 contre Khiva et donner l'impulsion, aussitôt la conquête achevée, à de nouvelles explorations dans la région avoisinant l'Amou inférieur, que Kostenko, dans cette même année 1873, suivit sur presque tout son cours. En 1874 a lieu la grande expédition à laquelle prennent part Barbot de Marny, pour la géologie, Séeverzoff et Smirnoff pour la botanique, et qui relève l'Amou-Daria, en visitant le delta dans toutes les directions et en ne négligeant aucune observation météorologique. De 1874 à 1876, Mouschketov entreprend et achève ses remarquables travaux géologiques dans le Thian-Chan. En 1875, Maïeff fait pour la première fois l'ascension du Hissar,

(1) Les généraux Kauffmann, Kalpakovski, Ivanof, et surtout le bienfaiteur de l'expédition Bonvalot, le général Karalkoff, que nos compatriotes retrouvèrent plus tard dans leur voyage au Pamir.

(2) Voir sur Abdourrhaman-Khan et l'Afghanistan notre ouvrage : CHARLES SIMOND, *L'Afghanistan* (Lecène et Oudin, 1885), et l'appréciation étendue qu'en fait le *Grand Dictionnaire de Larousse* (2e supplément).

(3) *En Asie centrale : de Moscou en Bactriane*, et *Du Kohistan à la Caspienne*, 2 vol. in-18, avec cartes et gravures. (Librairie Plon.) Ces deux ouvrages sont très riches en descriptions et en aperçus sur les hommes et les mœurs de la contrée.

où il revient en 1878. En 1875 également Lupandine visite l'Ouzboï, explore le lit à sec de l'Oxus, pendant que le Hongrois Onody arrive à Khiva dans un intérêt agricole. En 1878, Bykoff étudie tout l'Amour central, Middendorf constate les conditions économiques du Ferghana, Matvéjeff se rend à Schicho et à l'ouest de la Dzoungarie; Remanowski et Mouschketov recueillent les données géologiques sur la région de Semiretchensk et du Ferghana; Rouksoff fait des recherches géologiques au sud du Sir Daria et dans le pays du Serafchan. En 1876, Skobeleff commence sa grande expédition au cours de laquelle Kostenko et Lebedeff vont jusqu'au lac Kara-koul, sur le plateau du Pamir. En 1877, Ujfalvy traverse les possessions russes dans un but ethnographique, tandis que Séeverzof, accompagné des spécialistes Schwartz, Skasi, Roudneff et du botaniste Kouschakevitch, fait la traversée du Pamir jusqu'au Rang-koul et jusqu'à l'Alitschour. En 1878, Ochanine se trace le même itinéraire,

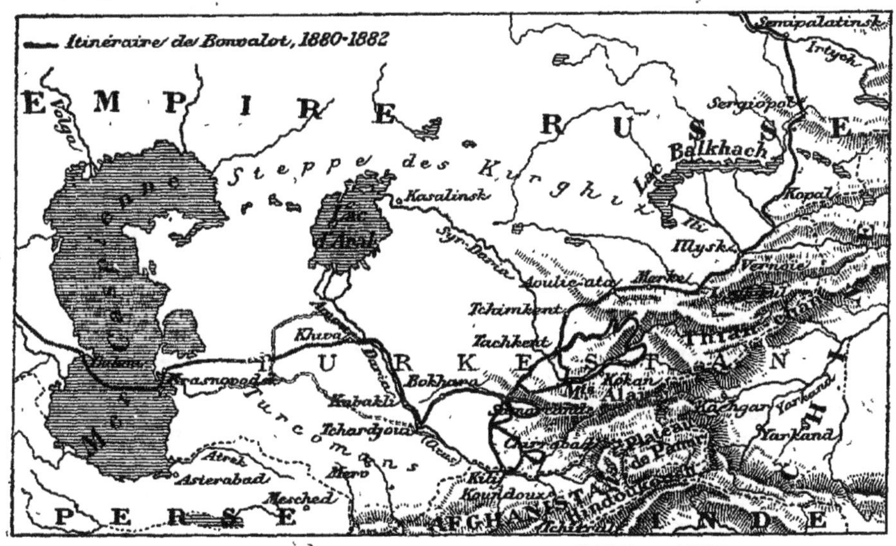


PREMIER ITINÉRAIRE DE M. BONVALOT (1880 ET 1882).

mais sans l'accomplir entièrement. Deux ans auparavant, Séeverzof avait pénétré dans l'intérieur de la région du Pamir, jusqu'alors tout à fait inconnue. En automne 1877, il était parvenu au plateau de l'Alaï, puis, se dirigeant au sud, il avait franchi une passe de 15,000 pieds de haut, dans la direction du lac Rang-koul, traversé l'Aks-sou, un des principaux tributaires de l'Amou-Daria, et était arrivé jusqu'au lac Iaschil-koul dans l'Alitchour, où le manque de vivres l'avait obligé à rétrograder. C'est vers ce pays, cru inaccessible aux pionniers, que tendaient les aspirations de notre intrépide compatriote (1).

(1) L'histoire et la géographie du Pamir ont été étudiées de près, à l'aide des documents de toutes les époques, et, en particulier, en s'appuyant sur les relations des voyageurs et géographes anglais et russes contemporains, par M. J.-B. Paquier, professeur d'histoire au lycée Saint-Louis (*Le Pamir*, 1876, in-8°, Maisonneuve); voir aussi, du même auteur, *L'Asie centrale à vol d'oiseau* (1884, in-12), et *Pamir* et *Kachgarie* (Bull. Soc. géogr., 1877). — A consulter également, sur l'Asie centrale, les remarquables travaux, plus récents, en langue russe, de W.-A. Obroutscheff, 1896, très importants pour la géographie et l'ethnographie.

## III

De 1880 à 1882, M. Bonvalot avait exploré en Asie la partie située au nord de l'Oxus. Il allait poursuivre au sud du fleuve ses travaux si brillamment commencés. En février 1886, il repartit, accompagné, cette fois, de M. Capus, et d'un peintre, M. Pépin, chargé de dessiner tout ce qu'on ne pourrait photographier (1).

Ils parcoururent le Lenkoran, entrèrent en Perse, visitèrent le pays des Turcomans et pénétrèrent en Afghanistan, sans autre escorte que leurs deux compagnons, Rachmed et Ménas, dont la fidélité ne se démentit en aucune circonstance. Arrêtés à quelques lieues de la rive de l'Amou-Daria, on ne les relâcha qu'après vingt-six jours de captivité. Ils revinrent à Samarcande, où ils retrouvèrent le général Karalkoff. Sur son conseil, M. Bonvalot prit le parti de gagner l'Inde en franchissant le plateau du Pamir, malgré les sinistres prédictions de tous ceux qui avaient, sans réussite, voulu faire avant lui cette tentative.

L'énergie de Bonvalot et de ses compagnons triompha, comme on le verra plus loin, de toutes les souffrances et de tous les obstacles. Le 20 mars, après quatorze jours de marche, on arriva enfin sur le Pamir, mais ce n'était que le commencement de la réussite. Il fallut surmonter d'autres périls.

A Tchitral la route est barrée aux voyageurs français par les Afghans, qui les retiennent prisonniers pendant quarante-neuf jours au milieu des marécages. Heureusement l'intervention du vice-roi des Indes, lord Dufferin, fit mettre Bonvalot et ses compagnons en liberté. Ils arrivèrent à Kachmir ayant perdu leur dernier cheval. A Simla, lord Dufferin leur fit le plus bienveillant accueil, et le 1er septembre, ils s'embarquèrent à Kuratchi, pour revenir en France. Ils furent à Paris l'objet d'une magnifique ovation, et la Société de géographie décerna à M. Bonvalot la médaille d'or, en partage avec MM. Capus et Pépin (2).

Nous ne raconterons pas ici les autres explorations de M. Bonvalot en Asie et en Abyssinie. Elles feront l'objet de récits successifs dans cette collection. Disons seulement en terminant que la Société de géographie de Paris lui remit, dans sa séance solennelle du 17 avril 1891, au retour de son voyage au Thibet, la grande médaille d'or. Le gouvernement, s'associant à l'admiration de toute la France pour M. Bonvalot, l'a nommé chevalier, puis officier de la Légion d'honneur.

Charles SIMOND.

(1) M. Bonvalot a fait le récit de son voyage dans son volume *Du Caucase aux Indes et à travers le Pamir*. (Librairie Plon.) C'est à cet ouvrage que sont empruntées les pages d'un si saisissant intérêt reproduites ici.

(2) Le Pamir et les régions voisines ont été, depuis le voyage de M. Bonvalot, le théâtre d'autres explorations admirables accomplies en 1890-1891 par la mission Pierzoff, et, à la même époque environ, par les expéditions des frères Groum-Grjimaïlo (1889-1890), du capitaine Grombtchefski (1889-1890), du capitaine Barchefsky (1891-1892), de M. Littledale (1891). L'exploration la plus récente de la région des Pamirs et, en même temps, de la source de l'Oxus est celle de George Curzon. (Voir le *Geogr. Journal*, 1896, juillet-septembre, Londres, et *The Pamir and the source of the Oxus*. Londres, Stanford, 1896.) A vrai dire, Curzon, parti de Srinagar en septembre 1894, n'a exploré qu'une petite partie du Pamir, mais son travail n'en a pas moins une valeur importante, surtout la carte qui l'accompagne et qui indique les diverses routes suivies de 1868 à 1895.

DÉPART POUR LE KARA-KOUL.

# LE TOIT DU MONDE

## I

### AVANT LE DÉPART

— Pourquoi n'essayeriez-vous pas de pénétrer aux Indes par la Kachgarie et même par le Pamir? On n'a jamais tenté de l'explorer en hiver, on considère l'entreprise comme impossible, mais qui sait? on pourrait peut-être essayer.

Tous renseignements pris, nous sommes décidés à tenter l'aventure. Nous avons trouvé deux personnes qui sont d'avis que nous réussirons sans doute, le général Karalkoff, dont je viens de rapporter les paroles, et le capitaine Grombtchefski : un jeune officier très entreprenant qui a voyagé dans le nord du Pamir, en été. D'après le capitaine et les chefs Kirghiz que nous questionnons, il y aurait sur le plateau de l'Alaï, qui précède celui du Pamir, très peu de neige; la passe de Kizil-Art, située au delà, serait toujours libre, et nous atteindrions sans difficultés le « Toit du monde ». Une fois sur le toit, les difficultés seraient peu considérables, la neige devant y être peu profonde. Plus loin, on ne sait pas. On pense que nous pourrions nous diriger droit sur le Kandjout, et de là gagner les Indes. D'après les khans Kirghiz, les obstacles sont au commencement du voyage et pas à la fin. L'important, disent-ils, est de franchir les passes de l'Alaï et d'emporter des provisions pour un mois environ.

Selon les personnes opposées à notre voyage et qui raisonnent d'après leur expérience du Pamir ou ce qu'elles en ont entendu dire, non seulement nous ne pourrions franchir l'Alaï, mais nous y resterons sous la neige des avalanches; quant au plateau de l'Alaï, il est certainement encombré de neige, et sur le Pamir, c'est la même chose. A en croire la grande majorité des pessimistes, nous courons à une mort certaine.

Le froid, dit-on, nous enlèvera toute énergie, et l'altitude considérable, en raréfiant l'air, nous mettra dans l'impossibilité de faire le moindre effort musculaire; puis, les vents constants et terribles là-haut soulèvent des tempêtes de neige épouvantables, etc... Telles sont quelques-unes des raisons qu'on nous donne pour renoncer à l'entreprise.

Mais il est un point sur lequel tout le monde est d'accord, c'est que le Pamir est à peu près complètement inhabité, et nous sommes sûrs de n'y pas trouver en nombre les Kara-Kirghiz pillards, qui nous barreraient la route dans la belle saison. Si la région n'est pas libre de neiges, elle le sera d'hommes durant une bonne partie du chemin, grâce à l'hiver.

Nous avons trois chemins pour aborder le Pamir : la passe de Tengiz-Beï, au sud-est de Marguilane; le Terek Davan, à l'est d'Osch; le Taldik au sud d'Osch....

C'est affaire bien résolue, nous passerons par le Taldik. Faisons nos préparatifs.

D'abord, nous vendons nos chevaux, bien que nous soyons sûrs de l'excellence de leurs jambes. Nous les remplacerons par des chevaux de l'Alaï, élevés dans la montagne et accoutumés aux hivers rigoureux : la neige leur sera familière, les sentiers les plus escarpés ne les étonneront point, on les nourrira facilement. L'Alaï leur aura donné un avant-goût du Pamir en quelque sorte. Nous les achèterons à Osch, où on nous les amènera des *aouls* voisins. D'Osch au Taldik, nous verrons quels sont ceux dont la vigueur laisse à désirer, et nous pourrons les échanger au dernier moment ou les remplacer.

Ensuite nous nous armons contre le froid et la faim. A Marguilane, nous achèterons des objets « civilisés », et ceux que nous ne trouverons pas dans les magasins, nous les demanderons à Tachkent, où nous avons le plus dévoué des amis, M. Muller, un Français comme nous en voudrions voir beaucoup à l'étranger. Ils donnent la meilleure idée de notre pays.

Certaines parties du Pamir sont inhabitables par suite de l'excessive froidure, et le combustible manque. Nous aurons une température sibérienne, polaire; en Sibérie, on chausse des bottes de feutre par-dessus les souliers : nous en prenons en feutre double, garnies de semelles de cuir; les coutures sont consolidées par des bandes de peau; dans le feutre souple et léger de Kachgar on nous taille des bas immenses couvrant la cuisse; un *pantalon* ouaté à la mode kirghiz, par-dessus lequel on passera un tahalvar (pantalon de cuir), préserve en outre les jambes. Autour des pieds, on entortillera des bandes de laine. Certaines personnes nous conseillent le vieux papier; de vieux journaux.

Pour le haut du corps, deux pelisses, dont une en mouton de Kachgar, à poils très longs, ajustée comme le « bechmet » des indigènes. Pour la tête, un bonnet de peau de mouton, couvrant les oreilles, et dessus, un « *malakaï* », sorte de pèlerine en peau de mouton descendant par derrière sur les épaules et qu'on peut fermer par devant de manière à couvrir totalement le visage, sauf les yeux, qui « regardent » à travers les poils.

Les mains ont en guise de gants les longues manches, serrées

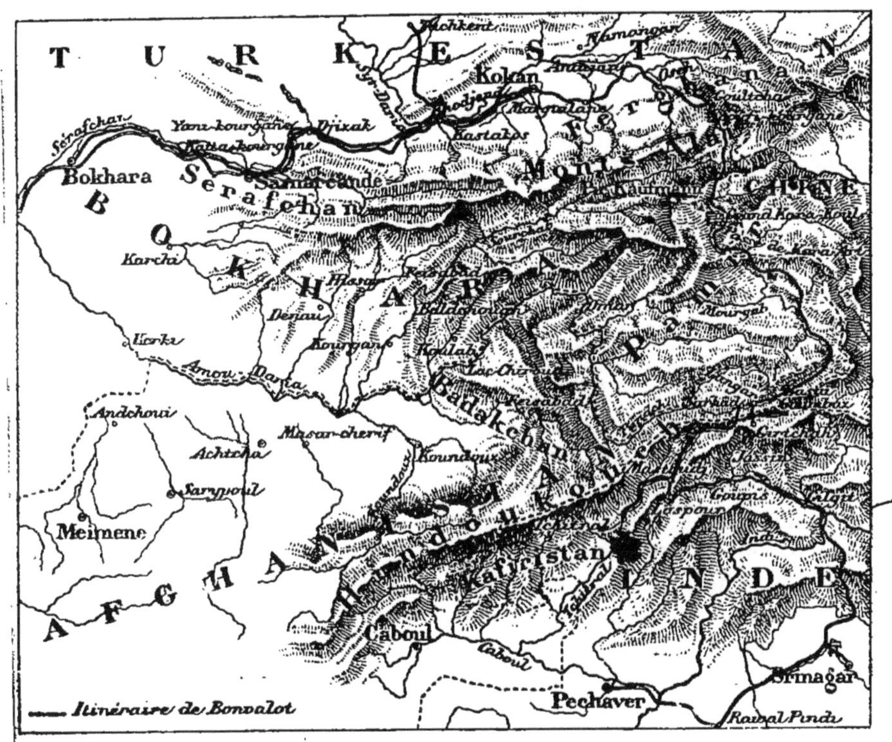


SECOND ITINÉRAIRE DE M. BONVALOT.

à l'extrémité de la pelisse très ample, tombant sur les talons, et qui s'appelle « *touloup* ». Si nous avons froid dans cet accoutrement, c'est qu'il fera... très froid.

Pour la nuit, nous avons en outre d'épaisses couvertures ouatées du pays, une couverture de laine très serrée d'Europe contre le vent, et des peaux comme matelas sur le feutre qui servira de parquet.

Notre maison sera la tente-abri double, qui nous sert depuis le commencement du voyage; on peut y dormir cinq... à la rigueur. Trois personnes y sont relativement à l'aise. Pour cette tente, nous ferons faire des piquets en fer et en bois. Rachmed et Ménas ne veulent point de tente pour eux, ils en organiseront une chaque soir avec les bagages, les feutres, et en cas de mauvais temps avec les toiles cirées. Ils sont équipés comme nous. Ils rient, nous rions comme des fous chaque fois qu'on essaye une nouvelle pièce de notre armure, soit que nous chaussions les bottes informes ou que nous enfilions les culottes à fond extravagant.

On pensa ensuite à la lumière. Il faut voir clair pour prendre les notes la nuit, et nous décidons de ne pas changer notre système d'éclairage; nous achetons des lanternes du pays que l'on protégera au moyen de boîtes en bois; quand elles seront brisées, on les remplacera par des lanternes vénitiennes... de Perse en solide toile huilée. Dans ces lanternes, — il faut mettre quelque chose dans une lanterne, — on mettra de la bougie russe. Elles seront suspendues à la barre de la tente comme des candélabres. Nous ne nous servirons pas d'huile ou de pétrole, ni de lampes : dans une chute, une lampe se disloque, un bidon se perce, tandis que la bougie se casse, mais les morceaux sont bons, et on la brûle même sans lanterne, au besoin.

En troisième ligne les moyens de faire du feu. Là-haut, pas de combustible, rien que des racines, des herbes, du *kisiak* (fiente du bétail), que l'on trouve seulement par places. A Ak-Basoga, près du Taldik, des genévriers parsèment les pentes; on en chargera plusieurs chevaux d'une provision qu'on ménagera avec soin. — Mais il faut allumer le feu et vite et facilement. Après une pénible étape, les hommes sont fatigués, il leur tarde de voir le feu, de se chauffer, de boire le thé, et sur la neige, par le vent, la tempête, malgré les trous qu'on creuse à grand'peine, il en faudrait, du temps, des essais, avant que la flamme s'élance, brillante, réjouissante! Aussi, outre les briquets, l'amadou, le nombre infini de boîtes d'allumettes, on prendra du pétrole et de l'esprit-de-vin et un « *âtre* », une plaque de tôle qui sera le foyer chaque jour déplacé, derrière lequel ne chanteront pas les grillons. Sur la plaque, on posera le combustible qu'on arrosera de pétrole ou d'esprit, et avec une allumette cela flambera. Vive le feu, ami des voyageurs!

Et le manger, allez-vous dire, ne vient qu'en quatrième ligne? Il ne vient en aucune ligne, c'est l'affaire capitale dans une expédition; il est aux autres préparatifs comme le soleil aux planètes : c'est l'intendance, la base des opérations stratégiques de longue haleine, c'est le charbon de la machine, les voiles de la goélette, les ailes de l'oiseau; c'est au commencement de l'œuvre l'enthousiasme qui persiste; à la fin, le moral abattu par la digestion. Vous allez me trouver bien matériel. Les idéalistes m'accuseront d'élever un autel à l'estomac, j'en érige un à la source de l'action. On excusera la franchise de l'homme qui a souvent mené la vie brutale du voyageur, et on lui pardonnera son fanatisme à l'égard de l' « intendance », car il a plus de cent fois constaté la mauvaise humeur, la maladresse, l'apathie, le découragement des estomacs délabrés; je veux dire des hommes obligés à une dépense de forces

EN COSTUME POUR LA TRAVERSÉE DU PAMIR.

qu'ils ne pouvaient pas réparer. La citerne se vide, lorsqu'on y puise sans la remplir à propos, et l'archet sans colophane joue faux. Pardon !

Ainsi, lorsqu'on discute la quantité de vivres, qu'on suppute le nombre des journées de marche et qu'on dit :

— Prenons pour trente jours, à une livre par jour.

Je dis :

— Prenons pour quarante-cinq jours à deux livres.

— Mais les Kirghiz prétendent qu'on mange beaucoup moins sur le Pamir que plus bas...

— Si les provisions nous gênent, nous les jetterons.

NOTRE SERVITEUR MÉNAS RÉFLÉCHISSANT.

Et, partant de ce principe, nous achetons sucre, sel, thé, bonbons, riz, viandes fumées, charcuterie, oies fumées, mouton fumé, poisson fumé de l'Aral et de l'Oural, fromages, conserves, etc., en doublant ou triplant les quantités considérées comme nécessaires.

On répare la batterie de cuisine; en temps ordinaire, elle est sommaire; on la réduit au strict nécessaire : deux ou trois marmites de grandeurs diverses, des plateaux qui serviront d'assiettes pour plusieurs personnes; pas de fourchettes, des cuillers en bois, et c'est tout; on prendra, chez les Kirghiz, quelques écuelles de bois; elles sont légères. Nous ne devons pas perdre de vue, en achetant notre matériel, que nous devons le transporter, et, de deux objets pouvant servir au même usage, nous choisissons le plus léger; s'il est d'une importance capitale, le moins cassable.

Pour lutter contre la neige et contre la glace, nous emportons des pelles, des pioches de tailles diverses, des haches.

La pharmacie n'est pas considérable. Capus, qui en est l'administrateur, la complète, et il comble les vides résultant des étapes précédentes. Grâce à la pharmacie militaire de Ferganah, nous possédons l'indispensable.

Il nous reste encore de menus objets apportés d'Europe pour être distribués aux indigènes que nous voulons récompenser de leur bonne volonté ou gagner à notre cause. Mais il en reste peu, et nous achetons à Tachkent un beau winchester nickelé que nous destinons au khan de Kandjout, qui garde le sentier des Indes de l'autre côté du Pamir. Une arme aussi luisante l'adoucira. On le dit cruel, barbare; il est mauvais fils, en tout cas, car il s'est défait récemment de son père. Il l'a fait assassiner. Il faudra nous « mettre bien » avec ce jeune potentat. A Marguilane, on fabrique des bandes d'étoffes de soie à dessins pittoresques et à couleurs chatoyantes qui plaisent aux dames et même aux hommes peu civilisés : nous en faisons une petite provision. Avec des glaces, des bagues, des boucles d'oreilles, toute une pacotille d'or et d'ar-

MAKMOUD.

gent, nous avons le moyen de nous montrer aimables. Nous sommes, en effet, décidés à faire preuve de la plus grande politesse et à prodiguer les sourires les plus engageants lorsque nous le jugerons convenable; mais il peut être indispensable de montrer les dents, et des dents aussi aiguës que celles du loup. Aussi nous ne négligeons pas notre arsenal. Partez en voyage, décidé à tenir toujours un rameau d'olivier dans votre main et un revolver dans votre poche. Vous n'aurez pas parcouru trois kilomètres que le rameau d'olivier aura pris dans votre poche la place du revolver, qui vous servira dorénavant à formuler les compliments de présentation et que vous tirerez là où chez nous on tire ses cartes de visite. Nos semblables sont généralement mal élevés.

Aussi nos armes sont mises en état; notre provision de cartouches est considérable. Ménas et Rachmed aiguisent leurs sabres. Nous nous préparons à la guerre afin d'avoir la paix.

Mais il faudra payer les achats que nous pourrons faire ou les services qu'on pourra nous rendre. Quelle monnaie est préférable? Laquelle a cours? Les sauvages se soucient peu d'une pièce de monnaie dont ils ne connaissent pas toujours exactement la valeur et qu'ils n'ont pas l'occasion d'échanger contre des marchandises ou des objets de première nécessité. Ils préfèrent être payés en nature. Nous emportons des khalats de Turkestan, de qualité plus ou moins bonne, nous augmentons un peu la provision de thé et de sucre : un morceau qu'on donne à propos ouvre les cœurs, les Kirghiz en sont friands et ils l'acceptent volontiers dans les échanges; ils demandent quelquefois le thé et toujours le sucre. Nous les payerons aussi avec du sel cristallisé que nous prendrons à Osch, avec de la poudre, du plomb, quoique Rachmed prétende que « jamais on ne doit donner de la poudre à celui qu'on ne connait pas, parce qu'on risque de donner à un ennemi le moyen de vous tuer ».

A Osch, nous achèterons de la toile fabriquée à Kachgar et ayant sur chaque pièce le cachet de la douane chinoise. C'est la meilleure monnaie. A défaut de toile, les gens de l'Indou-Kouch et les gens du Pamir et du Wakhan accceptent, paraît-il, volontiers des lingots d'argent appelés *iamba*, marqués également du cachet chinois. Ils ont la forme d'une calotte de sphère, pèsent une livre, deux livres ou plus; on les taille ainsi qu'on ferait de bâtons de réglisse; à mesure qu'on paye ses dettes, on pèse dans une balance les miettes et les morceaux, et l'on verse la somme due... dans le pan de la robe du créancier. Ils échangent cet argent aux bazars contre des marchandises ou en font des bijoux, ce qui est une façon de placer son argent et d'avoir un livret de caisse d'épargne ou des titres au porteur dans un pays où banques et bourses sont inconnues. Mais je reviens à mes moutons.

Et je fais bien, car le Pamir n'est pas franchi; le moment est mal choisi pour disserter, attendu qu'aujourd'hui, 19 février, nous sommes encore à Marguilane, où nous attendions un envoi d'argent que le télégraphe avait annoncé. L'argent est vite touché, et en même temps nous recevons la nouvelle, par un télégramme du chef de district d'Osch, que la neige tombe avec une abondance singulière, et que les passes de l'Alaï sont fermées.

## II

### LE PAMIR

« Allah est grand ! Allah est grand ! » répète le mollah annonçant la prière. Il est temps de se lever. Je regarde ma montre : deux heures quarante. « Hé ! Rachmed ! hé ! Ménas ! il faut se

DÉPART POUR LE TALDIK.

préparer ! Du thé ! du feu ! » La lanterne est allumée, une flambée ne tarde pas à éclairer les compagnons qui s'étirent. D'une tente à l'autre, les gens s'appellent, la neige gelée grince sous les pas, quelques-uns toussent : on entend les bruits d'un réveil. Je sors. Le ciel est couvert légèrement. Pas de vent. Dix degrés de froid. Espérons que ce beau temps va continuer.

Un énorme personnage s'avance vers moi par le sentier tracé dans la neige : c'est le gros Makmoud, très emmitouflé, qui vient nous éveiller; la veille, il nous avait promis de sonner le boute-selle lui-même. Le capitaine Glouchanofski, Batir-Beg, Mollah-Païas le neveu arrivent à leur tour, et, assis sur le feutre, nous buvons le thé en attendant l'apparition de la lune. Les chevaux

SADIK.

mangent une dernière botte; on en chargera quelques-uns de bois, et l'on expédiera les chevaux non chargés sous la conduite de Sadik, ayant à ses ordres Abdourrasoul et Satti-Koul; ils prendront une avance sur nous, de manière que nous n'ayons pas d'à-coup, et ils nous faciliteront la route en piétinant la neige.

Ils sont prêts vers quatre heures et demie, et nous sortons de la tente pour assister à leur départ. Quelle belle lune! Avec quelle grâce elle plane dans le firmament! Elle ne nous paraît pas aussi éloignée que disent les mathématiciens astronomes.

Satti-Koul, peu expansif, part le premier, sans rien dire, à pied, un bâton à la main; il tire par la longe un cheval que suivront la moitié des autres chevaux, qu'on a soin de ne pas écouer afin qu'ils aient la liberté de leurs mouvements : en liberté, ils se fatigueront moins, et la chute de l'un n'entraînera pas la chute de celui qui précède ou de celui qui suit. Cette première moitié sera suivie d'Abdourrassoul, qui excitera de ses cris les paresseux.

Abdourrassoul a des connaissances parmi les assistants; il fait ses adieux à Makmoud, son khan, puis s'en va. Des adieux brefs : les mains à la barbe, un « Dieu est grand! » et c'est tout. Sadik est plus loquace. Il fait des reproches à Batir-Beg de l'avoir engagé dans cette expédition : « Tu sais bien que je n'ai pas semé d'orge. Que m'envoies-tu dans la neige? Sais-tu si je reviendrai? Tu prendras soin de mes affaires pendant mon absence. »

Batir-Beg le rassure en souriant. Sadik a sellé son dernier cheval tout en causant. Il dit un « Allah est grand! » Ses amis le répètent, et il siffle, frappe sur la croupe des chevaux, l'un après l'autre, et la file s'éloigne; lui, à cheval, ferme la marche.

Nous rentrons dans la tente déjeuner avec le capitaine, puis nous endossons notre harnais, et nous montons à cheval. Mollah-Païas nous précédera. Nous échangeons une dernière poignée de main. Les khans portent la main à la barbe. « Que Dieu vous protège! Que Dieu vous aide! Avec Dieu! Bonne santé! Au revoir! au revoir! Bonne chance! » nous dit le capitaine levant sa casquette.

Nous répétons :

« Bonne santé! Au revoir! » et nous partons. On se retourne une dernière fois sur la selle, on élève le fouet, on salue du bras... et en avant! Nous ne nous retournons plus. Nous sommes bientôt dans le défilé qui mène à la passe du Taldik.

D'abord, la neige n'est pas profonde, un mètre à peine, et le sentier est solide relativement, grâce à la gelée. Puis la montée commence, et nous grimpons sur les roches; les pentes n'ont point gardé de neige, et la gelée qui nous sert dans le bas nous est ici un obstacle; elle a rendu les pentes glissantes, et malgré les excellentes jambes des bêtes et leur énergie, les chutes commencent. A chaque instant on fait halte, afin que les chevaux reprennent haleine, puis l'ascension recommence; les chevaux tête basse, les naseaux dilatés, se cramponnent aux aspérités; le sol cède souvent sous leurs pieds, la croûte se rompt, une pierre se détache, et ils montent à l'assaut nerveusement, comme pris de la peur du vide qu'ils guignent de l'œil, et sentent derrière eux. A bout de souffle, ils s'arrêtent, les jambes raidies; leurs flancs s'élèvent et s'abaissent par la poussée et le ressac de l'air. Quelles courageuses bêtes!

A huit heures, nous mangeons une galette de pain au sommet du Taldik, à 3,700 mètres environ. Il s'agit maintenant de sortir de l'étroite vallée du même nom qui conduit au plateau de l'Alaï.

Nous suivons une crête, car la vallée est resserrée et ensevelie sous des monceaux de neige où un cavalier disparaîtrait. Des rochers de quarzyite passent leurs pointes à travers, ainsi que des sommets d'édifices enfouis sous une lave d'éruption; celle-ci est blanche. Puis, nous quittons cette crête partageant la vallée, et nous en descendons comme du faîte d'une toiture, et dans le couloir d'en bas, nous tombons dans une véritable suite de puits dont la place est marquée par les groupes de Kirghiz qui se reposent, qui hissent les bagages ou les chevaux, et se traînent dans la neige avec les coffres sur le dos, l'un d'eux tirant le portefaix par devant, un autre l'épaulant par derrière. Nos chutes sont nombreuses. Chaque fois, plusieurs hommes aident à relever les gisants, on dirait des cavaliers en pain d'épice posés sur de la farine, immobiles. On commence par dégager ou dévisser le cavalier, puis on le hale, et c'est ensuite le tour du cheval.

Nous dépassons successivement les chevaux de bât. A quelle heure arriveront-ils? Nous n'en savons rien. Ils sont en marche depuis quatre heures du matin, hier; ils ne se sont arrêtés qu'à minuit. Par places, il y a plus de deux mètres de neige, et nulle part un cheval n'en a moins que jusqu'au cou.

RACHMED.

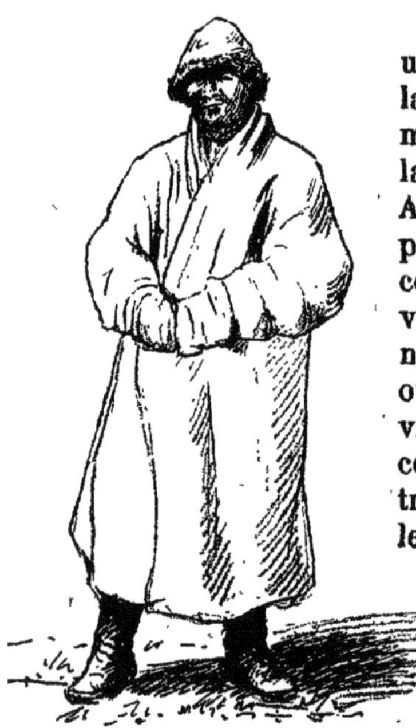

ABDOURAKSOUL.

A dix heures, nous nous réfugions sur une croupe caillouteuse que le vent a balayée. Il nous éventera, nous aurons froid; mais nous serons protégés contre les avalanches. On déblaye la neige, on s'installe. A mesure qu'arrivent les hommes, ils se posent au-dessus ou au-dessous de nous comme sur les bâtons d'un perchoir, où la volaille dort à l'abri des attaques du renard. Le soleil donne, et il nous brûle. A onze heures, — 29 degrés. A une heure vingt, arrive le premier bât, et la neige commence à tomber; les uns après les autres, les muletiers apparaissent. Ils laissent les bagages dans le sentier; les charges ne sont pas réunies, elles sont semées le long du chemin comme le train d'une armée en déroute. C'est pour qu'on puisse les charger plus facilement demain. Au reste, les voleurs ne sont pas à craindre. On rassemble les chevaux pour les abreuver plus bas, à la rivière, où l'on a taillé un trou dans la glace, et aussi par crainte des loups, la nuit.

A quatre heures, la neige tombe dru. A cinq heures et demie, elle cesse; pas de vent; — 6 degrés. A la nuit, une partie des piétons envoyés en avant viennent camper au-dessus de nous, autour de Mollah-Païas, leur chef. A minuit et demi, — 12 degrés.

***

17 mars.

Dans la nuit, le vent d'est a soufflé avec violence. A cinq heures, dans la tente, — 17 degrés; dehors, — 19 degrés. Nos hommes exténués dorment. Inutile de les éveiller, de hâter le départ, on ne peut profiter de ce que la neige est gelée; les cordes ne sont pas maniables à l'ombre, et il est impossible de charger les *iouks* ou de les ficeler. Nous devons attendre le soleil, qui rendra souples les cordes et les membres des hommes engourdis par le froid et le vent d'est, toujours violent.

Avec le soleil, la neige fondra; mais que faire? En s'éveillant, nos hommes se plaignent du froid. Rachmed a saigné du nez, il a eu mal à la tête toute la journée d'hier.

Tout le monde a sur ses vêtements des paillettes, des cristaux de glace, les moustaches ont enfilé des perles, dans la barbe il y a

TRAVERSÉE DE L'ALAÏ.

des pierreries. Quel clinquant! Seuls nos nez, très rouges, laissent échapper une vapeur qui se condense instantanément; elle tombe sur mon calepin, et ponctue mes notes de glaçons. Ces virgules d'un nouveau genre sont bien inutiles; car j'écris en style hiéroglyphique, et je vais constamment à la ligne.

A l'est, au-dessus de la porte de Taldik, on aperçoit deux cimes blanches, derrière lesquelles se cache un soleil qui luit pour un autre monde, sans doute; il ne nous envoie qu'une lumière pâle. Est-ce qu'il va s'éteindre? Ce serait un grand changement en vingt-quatre heures.

Il ne tarde pas à briller par-dessus les montagnes, et nous sommes heureux de mettre nos lunettes, puis de descendre dans la vallée, où nous marcherons à l'ombre des hauteurs. A sept heures nous partons, nous irons camper au bout de la tranchée du Taldik. Nous descendons un sentier abrupt, nous en montons un autre; puis le val plus large; nous sommes sur la glace de la rivière tortueuse. Nous choisissons les endroits où la neige est peu profonde, en ayant soin de nous tenir à distance des avalanches prêtes à glisser. Souvent, nous quittons la rivière où, par places, il n'y a pas plus d'un pied et demi de neige, sur un fond dur rassurant les chevaux, que les rudes expériences de la veille ont mis en défiance.

C'est à notre gauche que la neige menace. Elle est accumulée dans les ravines, dans les gorges; des rochers en ont arrêté des flocons énormes qui surplombent avec des renflements inquiétants. On tient sa langue, l'œil alerte.

Nous rencontrons une bande d'une cinquantaine de Kirghiz, accroupis au flanc d'un rocher; ils mangent un morceau de pain, et se reposent avant de retourner à Ak-Basoga. C'est l'arrière-garde de la troupe des travailleurs qui nous ont préparé la route. Leur chef nous dit qu'elle est prête jusqu'à l'Alaï.

— Et dans l'Alaï, y a-t-il beaucoup de neige? lui demandai-je.

Il étend le bras dans la direction de la passe et dans la direction de l'Alaï.

— Barabar! barabar! répète-t-il. C'est la même chose.

Mauvaise nouvelle. Mirza-Païas nous mène camper dans une gorge bien abritée, située à droite de la route. Nous y attendons nos *iouks*. Le vent a balayé la neige. La place est bonne, il fait chaud : — 29 degrés au soleil.

Rachmed est de bonne humeur. Il chantonne.

Hier soir, il était lugubre, et prétendait que nous mourrions tous. Il a repris courage, et me dit avec un grand sérieux :

— Je sens que nous ne mourrons pas.

Et il reprend sa chanson. Il chante la victoire du Taldik. Demain, nous attaquerons la vallée de l'Alaï. J'envoie Sadik et cinq ou six Kirghiz reconnaître les « positions de l'ennemi ». Car quelques-uns ont prétendu que désormais la neige serait moins profonde. Nos éclaireurs nous apporteront des renseignements précis avant le coucher du soleil.

Ils reviennent, Sadik le premier, et tous à mesure qu'ils se présentent, laissent tomber ce mot turc que je ne crois pas oublier jamais :

— Barabar ! barabar ! c'est la même chose, disent-ils d'un ton lamentable, et ils secouent la tête.

Ils nous regardent fixement, épiant l'impression que nous fait la nouvelle, et ils ont l'air de nous demander : « Qu'allez-vous décider ? » Ils espèrent sans doute que nous allons retourner sur nos pas. En effet, la nouvelle est grave, car nous n'aurons pas l'aide des indigènes. Qui nous tracera plus loin la route ? Personne ne cherchera à tâtons les bonnes places pour nous les indiquer. Nous devrons sonder nous-mêmes le chemin ; nous naviguons vraiment à la sonde.

SATTI-KOUL.

Une partie des Kirghiz, qui ont travaillé aux tranchées du Taldik, sont déjà en route pour leurs tentes ; nous allons renvoyer les autres. Ils sont très fatigués. Je les vois étendus au soleil ; plusieurs dorment d'un sommeil invincible. Nous faisons des cadeaux à leurs chefs, nous remercions sincèrement Mollah-Païas, nous lui remettons le complément de la somme dont nous avions avancé la moitié avant le départ, nous les chargeons d'un mot pour le général Karalkoff. Ils saluent, souhaitent bon voyage, et s'éloignent. Ils disparaissent dans la gorge, en même temps qu'arrivent les derniers chevaux de bât, qui tombent avant qu'on ait le temps de les décharger.

Je monte sur un rocher voisin de notre campement. D'en haut on domine les croupes qui nous abritent, et l'on aperçoit les chaînes de l'Alaï et du Trans-Alaï comme deux traînées de chaos. Je regarde. Tout est blanc, éblouissant ; on a la sensation d'être dans un autre monde, d'avoir été jeté dans une planète désolée. On distingue les collines de la vallée de l'Alaï, enchevêtrées ainsi que des boucliers blancs de guerriers faisant la tortue au pied des cônes immenses et impassibles du Trans-Alaï, ce second rempart du Pamir. De quelque côté que l'œil se risque, tout est blanc ; un linceul immaculé est développé sur cette nature sans vie, au calme cadavérique. On dirait une terre maudite, abandonnée de ses habitants, qui sont partis pour un monde meilleur.

Demain, nous nous enfoncerons dans cet inconnu, dont les mornes paysages semblent nous narguer tranquillement.

Il nous reste une cinquantaine de chevaux, une vingtaine d'hommes qui doivent aller jusqu'au Pamir. Ils y porteront notre bagage et nos provisions, que nous chargerons alors sur les vingt chevaux de réserve confiés aux cinq hommes de notre armée régulière, et qui s'en occupent spécialement.

Nous avons eu des journées terribles; on prévoit que celle de demain sera chaude, — manière de s'exprimer peu exacte, — et chacun se prépare pour la bataille.

Beaucoup ont déjà les lèvres gercées, les yeux malades, les joues brûlées. Ils se soignent à leur façon, et prennent les précautions suivantes : sur les lèvres, ils appliquent la feuille d'une plante grasse qu'on recueille « seulement dans l'Alaï », en été; ils en ont un petit sac plein. Ils se fabriquent des lunettes spéciales avec du crin emprunté à la crinière ou à la queue des chevaux; ils engagent une touffe sous leur bonnet de peau de mouton; elle retombe en broussailles devant leurs yeux qu'elle protège contre la réverbération. Quant aux joues, ils les barbouillent tout simplement de boue où le crottin entre sans doute pour une bonne part. Aussi, ces Kirghiz, peu jolis de naissance, ont l'aspect de diables ou de potiches à la physionomie mogole que l'on se serait ingénié à enlaidir.

Que ne pouvons-nous quitter notre campement dès demain, avant le lever du soleil, et utiliser la gelée qui rend la neige solide! Mais c'est impossible, à cause de ces cordes auxquelles le froid de la nuit enlève toute flexibilité. Le matin, elles sont dures comme du bois. Les chevaux seront chargés tard; ils atteindront la vallée de l'Alaï lorsqu'il fera chaud déjà, que la neige mollira, et les difficultés seront grandes, peut-être insurmontables.

19 mars.

Nous partons avec Sadik et deux Kirghiz très vigoureux, à qui l'Alaï est bien connu. Ménas est aussi de l'avant-garde. Abdourrakoul, Rachmed et Satti-Koul suivent, avec vingt chevaux non chargés; derrière viendront les trente chevaux de charge et leurs conducteurs.

Nous suivons la direction de la rivière qui nous porte sur sa glace, et nous sortons assez facilement de la vallée du Taldik. Puis nous sommes sur le plateau de l'Alaï, qui s'étend de l'ouest à l'est; nos yeux fatigués n'en distinguent pas la fin.

Nous avons le plus grandiose ou du moins le plus éblouissant des spectacles. Au nord, c'est la barrière de l'Alaï; au sud, le pic

Kauffmann (7,000 mètres) et le Kizil-Aguin (6,600 mètres) émergent du Trans-Alaï. La neige revêt tout, à l'exception des roches aux parois lisses où elle ne peut s'accrocher. La journée est belle. La plaine s'étale ainsi qu'un fleuve entre deux berges colossales, et elle est si éclatante, si brûlante par l'effet de la réverbération et du rayonnement, que l'on croit marcher dans du soleil, et le ciel, au-dessus de nos têtes, est si terne en comparaison, qu'on le prendrait pour cette terre grisaillée où l'homme s'agite. Et, à nos pieds, le scintillement est tel, qu'on dirait que la lumière coule, et que sur cette lumière on a sablé les étoiles de là-haut, après les

CAMPEMENT SUR L'ALAÏ, EN FACE DU PIC KAUFFMANN.

avoir réduites, je ne sais par quelle magie, en une poussière de diamants impalpable, aux reflets d'or, d'une vibration incessante et insupportable.

C'est à travers ce rayonnement de feu au soleil, de glace à l'ombre, qu'il nous faut avancer. Tant que nous longeons les contreforts de l'Alaï, cela ne va pas trop mal; il n'y a guère plus d'un mètre de neige. Mais le moment arrive où il faut absolument couper, du nord au sud, par la vallée, où pas le moindre sentier n'est visible, bien entendu. Nous discutons un instant et nous décidons de piquer droit sur la rivière de Kizil-Art; elle débouche dans l'Alaï, non loin de la passe qui monte au Pamir. On ira en tâtonnant, en cherchant les places où la neige est moins profonde, de façon que les chevaux chargés puissent s'en tirer.

Nous voilà dans la neige. Sadik va devant. Il se laisse guider par son flair d'homme sauvage. Durant une demi-heure, nous avançons sans que les chevaux s'abattent, mais soudain celui de Sadik enfonce. Malgré l'habileté du cavalier, ses coups de fouet, ses efforts, il ne peut ni se relever, ni se dégager. Sadik lui-même est pris sous la bête couchée sur le flanc et haletante. On les aide; les voilà tous les deux sur pied.

C'est le commencement de la série de chutes et de culbutes des jours précédents. Sadik et les deux Kirghiz se relayent et prennent la tête à tour de rôle.

Le chef de file ôte sa pelisse, la pose sur son cheval, qu'il tire par la bride, et, de son long bâton, il cherche où il doit aller, à la façon d'un aveugle. Et on le suit. Nous traçons des zigzags infinis, qui allongent beaucoup le chemin, et nous ne nous rapprochons qu'insensiblement du Trans-Alaï, que l'on s'imaginerait pouvoir atteindre d'une enjambée.

Nous avançons tantôt de vingt mètres par minute, tantôt de dix; parfois sur une crête, de soixante mètres. Très souvent nous sommes contraints de faire halte.

Personne n'en peut plus; tous sont sans souffle, sans force, presque complètement aveuglés; nous avons des maux de tête, des suffocations; tel est étendu sur le dos, à côté de son cheval sur le flanc; un autre se repose debout, la tête appuyée sur la selle; celui-ci, en retard, frappe à coups de fouet son pauvre animal, à la queue duquel il se cramponne comme un noyé à une amarre. On en voit qui saignent du nez; les chevaux eux-mêmes perdent du sang par les naseaux, le sang gèle, et ils reniflent des rubis; ils en ont aussi sur le corps, taché de caillots rouges là où de petites veines éclatent.

Un cheval a presque disparu dans un trou; on le hisse, on le traîne comme s'il était mort, avec des cordes qu'on lui a glissées sous le ventre; puis c'est une sangle qui rompt et qu'on répare. Si un cheval de bât tombe, on doit le décharger, et ce n'est pas chose facile de dénouer les cordes du côté de l'ombre (à midi, il y a encore — 5 degrés); elles sont couvertes de glace, et les mains gourdes sont inhabiles. On coupe donc les cordes, on remet le cheval sur ses jambes, et les coffres ou les ballots sont de nouveau placés en palan. Parfois, on doit les porter sur le dos, après avoir déblayé avec des pelles, car de tous côtés la neige est profonde de deux mètres. On y plonge en entier des bâtons plus hauts qu'un homme.

Après avoir franchi ces pas difficiles, on se repose... On ne sait dans quelle direction louvoyer. Rien qui nous engage à aller dans un sens ou dans l'autre. La neige est sans vestiges, bien unie, nous agaçant de sa masse vierge, molle et comme indifférente. Elle énerve même les bêtes. Et si, par hasard, un loup a laissé sa trace, on la suit aussi longtemps qu'on le peut, par indécision, ainsi qu'un fil d'Ariane, dans ce labyrinthe que nous-mêmes dessinons. Cette piste nous mène à une impasse, à un trou, veux-je dire, et l'on perd pied. On bat en retraite, on cherche, et, finalement, on va quand même du côté du Kizil-Art; on se traîne, c'est une lutte sans merci contre cette blanche poudre sans consistance.

La caravane est semée sur la plaine comme les grains d'un chapelet dont le fil a été rompu. Les grains noirs font un tas, là où un cheval ou bien un homme arrête par sa chute la marche des suivants, tant qu'on n'a pas repêché ceux qui se débattent.

Et cela dure de huit heures du matin à quatre heures et demie du soir, sans prendre de repos. Où voulez-vous qu'on fasse halte? Nous allons jusqu'à extinction de forces. En route, on partage un peu de pain avec sa bête, on mange un abricot séché, du millet grillé qu'on grignote à la poignée et qui donne le jarret d'arriver enfin au monticule sur lequel on campera.

Avec la pelle on déblaye la neige; puis, les feutres sont étendus, la tente dressée, le feu allumé avec de l'esprit-de-vin. On prépare le thé et la bouillie de millet pour nous et pour les affamés qui arrivent les uns après les autres. Les pauvres chevaux mis à ban après qu'on a desserré leurs sangles, s'exténuent encore à creuser du sabot la neige, afin d'atteindre la mauvaise herbe et les racines peu nourrissantes ensevelies plus bas.

A la nuit seulement, la caravane entière sera réunie. Le soleil vient de laisser tomber son disque d'or derrière les montagnes, bien loin, du côté de la France. Nous attendons encore deux ou trois chevaux qui se traînent à portée de fusil. Vers sept heures, tout le monde a mangé la bouillie, bu le thé; les chevaux ont dévoré leur musette d'orge, — ils sont accourus au premier appel; — maintenant, ils errent autour des trois petits tertres où nous sommes campés, ou plutôt ils nagent autour des îlots où nous nous sommes réfugiés afin d'échapper à l'inondation, dont la nappe blafarde nous enveloppe.

La brise souffle du sud sud-est. Les sommets du Trans-Alaï se rident de nuages; les pics déploient leurs panaches. Le firmament resplendit sur nos têtes avec l'éclat d'un firmament qui n'aurait jamais servi et tel qu'il sortit du chaos. La neige s'est éteinte en même temps que le soleil, la voûte bleue paraît s'arrondir bien plus haut que le ciel, au-dessus de ce désert polaire où nos trois

OUSBEG.

petits feux clignotent, dernières étincelles de l'embrasement de la journée.

A huit heures, il fait 20 degrés de froid.

***

19 mars.

Le soleil paraît; il monte, il réchauffe, et tout le monde, bêtes et gens, dégèle. Les chevaux s'agitent, les hommes soulèvent les couvertures; peu à peu, les conversations s'engagent, et à mesure que le mercure s'élève, les propos sont plus gais. Avec 10 degrés au soleil, on entend chantonner. Les cordes s'assouplissent, et les préparatifs commencent.

Après un repas de viande, nous repartons à neuf heures un quart. Jusqu'au Kizil-Aguin, ce sont les mêmes chutes, les mêmes scènes qu'hier. Il est trois heures quand nous nous laissons glisser par une ravine au niveau de la rivière. Sadik, qui est chef de file, lance son cheval au petit trot pour nous montrer que la route est belle. Il y a seulement deux pieds de neige poussiéreuse sur un fond dur; on se croirait dans un manège. Abdourrasoul, qui nous accompagne aujourd'hui, crie à ceux qui ne sont pas descendus :

— Ioul iakchi! ioul iakchi! Beau chemin, beau chemin!

Et il entonne une chanson. C'est un poète.

Cela va bien pendant trois quarts d'heure, mais un coude se présente, le vent a entassé une telle masse, que nous devons prendre à gauche, le long des collines. Il faut absolument sortir du Kizil-Aguin. Nous échouons dans une première tentative, nous allons un peu plus loin, et cette fois nous quittons le lit et les bords de la rivière, après des efforts inouïs. Il est bien quatre heures, le vent souffle de l'ouest, glacial. Les efforts nous ont mis en sueur. Quand je dis nous, je parle aussi des chevaux, et le frisson est général. Maudit vent! Il paraît que c'est une spécialité du Pamir. C'est signe que nous « brûlons », — comme on dit chez nous — que nous approchons.

Nous montons, nous descendons les collines en suivant la ligne des faîtes de notre mieux. A six heures et quart nous nous arrêtons dans un bas où nous avons découvert deux chevaux sellés qui broutaient. Qu'est-ce que cela veut dire?

Nous sommes intrigués, et cela nous redonne un peu de nerf. Sadik et un Kirghiz s'emparent de ces chevaux et les enfourchent; ils nous confient les leurs, nous nous cachons. Et ils partent à la recherche de leurs propriétaires, très heureux de la rencontre; à certaines particularités, ils ont reconnu que les montures n'appartenaient pas à des Kara-Kirghiz de l'Alaï. L'aubaine est excellente.

Trouver juste, à l'entrée de la rivière du Kizil-Art, des hommes qui nous aideront de gré ou de force, quelle chance!

Nous apercevons les deux éclaireurs regarder de droite, de gauche; ils disparaissent, puis reparaissent en haut d'une colline, la main sur les yeux. Rien. Après vingt minutes de recherches, l'un d'eux accourt au galop, en appelant, il nous fait des signes de bras. Une fois à portée d'être entendu, il nous hèle :

— Venez; en face il y a des moutons et des hommes.

Il montre la direction de la rivière du Kizil-Art. Nous le suivons.

LA MONTÉE DU KIZIL-ART.

Là-dessus arrive Sadik, chassant deux Kirghiz devant lui. Ils ne sont pas très rassurés, ils font des courbettes humbles qui expriment leur inquiétude. Ils nous avaient vus venir, et leur premier soin avait été de se cacher. Ils n'ont donné signe de vie qu'en apercevant leurs chevaux montés par d'autres. Ils nous invitent à venir à leur bivouac, « qui est dans une bonne place », disent-ils. Ils nous montrent le chemin en traînant la jambe, et nous conduisent à un ravin abrité du vent « pendant la nuit », où un troupeau de moutons et de chèvres est rassemblé. Un filet de fumée s'élève d'un feu de crottin. Le sol en est couvert, les deux Kirghiz en avaient rassemblé des tas dans lesquels ils s'enfoncent pour dormir sur des peaux d'*arkars*. Cet endroit s'appelle Ourtak.

Le propriétaire du gîte nous étend quelques peaux et nous offre à souper : du mouton bouilli dans de l'eau qui a pris un goût de crottin très prononcé, soit que le vent ait saupoudré d'une poussière de fiente la neige qu'on a fait fondre, soit que la fumée du feu pénètre dans la cafetière. Car c'est dans une cafetière (un *koumgane*) que ces gens cuisent leur manger. Ils n'ont pas d'autre vaisselle. Ils tirent les morceaux de viande avec leurs doigts, les déchirent à belles dents, et à tour de rôle boivent le bouillon. Il n'est pas salé. Tandis que nous dégustons ce mets délicieux, notre amphitryon nous conte son histoire.

— J'étais allé vendre des moutons à Kachgar, où, m'avait-on dit, on les achetait cher, j'ai constaté le contraire. J'en ai acheté quelques-uns et je suis revenu sur mes pas par le Markan-Sou. L'hiver m'a surpris, la neige s'est mise à tomber. J'ai eu mille peines à traverser le Kizil-Art, où j'ai perdu deux chevaux et tout mon bagage. Je me suis arrêté ici, où mes moutons et mes chèvres trouvent un peu d'herbe de l'an passé. J'étais décidé à attendre le beau temps avec mon domestique que voici, car nous ne pouvions entreprendre de traverser l'Alaï et le Taldik. Nous mangions nos moutons et nos chèvres. Nous n'avons plus un grain de sel, nous n'avons sauvé que ce *koumgane*, et il nous reste très peu de pierre pour faire du feu. Mais comme le crottin ne manque pas, nous l'entretenons constamment afin de n'être pas obligés de le rallumer chaque jour. Je ne sais pas ce que nous serions devenus si vous n'étiez pas arrivés. Si vous le permettez, nous partirons devant en suivant le sentier que vous avez tracé, et nous gagnerons le Ferganah. Aux environs d'Osch, j'ai des connaissances, je suis un Ousbeg des bords du Syr, et mon domestique est de Sari-Koul.

— Quand as-tu traversé le Kizil-Art?

— Il y a plusieurs semaines.

— Crois-tu que nous puissions le franchir?

— Je ne le pense pas, la neige y est très profonde, des chevaux chargés ne passeront pas.

***

20 mars.

A six heures du matin, — 16°,5.

Pépin montre une face affreuse, tuméfiée, des lèvres énormes, aux gerçures sanguinolentes; il ne peut ouvrir les yeux et ne voit plus; Capus est boursouflé, son nez a les marbrures de la lèpre, il est méconnaissable, c'est le plus hideux des botanistes. Je suis, paraît-il, « un peu mieux conservé ».

— Tu as le cuir plus dur, dit Ménas, qui, lui aussi, est dans un état de décomposition assez avancé.

Nous envoyons au-devant des bâts. Ils arrivent à neuf heures.

KARA-KIRGHIZ.

On dresse la tente. Le soleil nous réchauffe. On se reposera aujourd'hui et demain, tout le monde en a besoin. Au reste, le propriétaire de l'*atar* (troupeau) persiste dans ses affirmations décourageantes. Selon lui, le Kizil-Art serait infranchissable; quant à passer par l'Ak-Baïtal, il ne faut pas y songer, et par le Rang-Koul on court le risque de rencontrer des postes chinois qui nous arrêteront. Sadik lui-même abonde dans ce sens, et pourtant, la veille encore, il était plein d'espoir; il est vrai qu'il croyait le Kizil-Art libre. Il ne le serait pas. A en juger par la blancheur des crêtes qui avoisinent cette passe, cela doit être vrai.

Tous nos Kirghiz ont les yeux malades, ils se plaignent du mal de tête; les chevaux sont à moitié fourbus. Encore quatre ou cinq journées pareilles, et tout le monde sera hors de combat et l'expédition terminée. Commençons par garnir les estomacs. Nous achetons deux moutons à l'Ousbeg et nous régalons la troupe à qui nous infuserons du courage par le canal de l'œsophage. Le soleil collabore à cette réfection; nous avons 35 bons degrés à deux heures; à l'ombre, seulement — 4° de froid.

La journée est charmante et fait oublier la veille. Tous déploient une activité comparable à celle de nos paysans lorsqu'ils tuent leur porc soigneusement engraissé et qu'ils en célèbrent l'exécution gaiement. On fabrique de la charcuterie. Abdourrasoul qui est poète, comme vous savez, nous confectionne avec le foie, les rognons et la graisse une saucisse délicieuse. Jamais vous n'avez mangé rien de pareil.

Les bottes sont graissées, les vêtements séchés, les armes fourbies, les chevaux pansés, les selles et les sangles réparées; les Kirghiz se rasent la tête, on entend des rires, des chansons même, Rachmed fait des plaisanteries que les Kirghiz trouvent spirituelles, car ils montrent les dents. Il s'est débarrassé de sa pelisse, et, serrant sa ceinture, il me fait voir qu'il a diminué de trois pouces au moins en six jours. Il prend un air désolé en constatant sa maigreur, et se lamente de la façon la plus comique.

Les malades pommadent leurs joues de suif, lavent leurs yeux à l'eau chaude; Satti-Koul, le guide, donne les preuves d'une paresse remarquable, il évite soigneusement la besogne, il est vrai qu'il a les yeux gonflés; il se tient la tête baissée, dans l'attitude d'un homme qui cherche quelque chose à terre, il y cherche l'occasion de ne rien faire. Questionné au sujet de la route qui nous attend, il répond invariablement : « Dieu seul le sait! »

Deux hommes manquent à l'appel et deux chevaux. Que sont-ils devenus? On n'en sait rien. Il nous reste vingt-deux hommes.

A mesure que le soleil descend, la gaieté s'en va. Pour la nuit, on rassemble les chevaux Ils sont attachés par le pied à la longue corde tendue à ras de terre avec des piquets en fer. Les hommes s'entassent autour des feux allumés près des bagages, ils bavardent longtemps, assis sur leurs talons, les bras croisés, le corps en avant, offert à la chaleur du foyer sans flamme. Quelques-uns, plus fatigués, s'étendent tout de suite pour dormir. Ils s'allongent tête-bêche, les jambes entrelacées afin de se tenir chaud. Les rôdeurs d'Europe qui passent souvent la nuit à la belle étoile ont de semblables habitudes.

Dans le groupe où se trouve Sadik, on s'entretient à voix basse. J'envoie Ménas aux écoutes. Il rampe sans bruit et, une fois assez près, il se recroqueville dans sa pelisse, se rase derrière un sac et tend l'oreille. Il revient avec des nouvelles très intéressantes.

Le « propriétaire », Sadik et les principaux de la troupe discutaient de la conduite à tenir. Ils étaient tous d'accord qu'il ne fallait pas continuer le voyage, que c'était folie de vouloir traverser cette neige, et que le mieux était de retourner sur nos pas. Auparavant, on creuserait des silos à cette place et l'on enterrerait l'orge et tous les bagages qui ne seraient pas nécessaires, et nous irions à Goultcha ou à Osch attendre la belle saison. Au mois de juillet nous reviendrions dans l'Alaï et nous traverserions le Kizil-Art sans effort. Voilà un projet dicté par la prudence et qui témoigne de l'intérêt qu'on nous porte, mais il ne cadre pas avec nos plans. Dormons, demain nous aviserons.

***

21 mars.

Demain, nous aurons une journée décisive. Nous saurons si la porte du Pamir est ouverte ou fermée.

La nuit sera bonne; ciel libre, pas de vent; à sept heures du soir, 14°,5 de froid seulement.

Plusieurs chevaux sont aveuglés, celui de Pépin entre autres; son maître ne voit pas davantage. Ménas constate dans la soirée que l'on nous a volé de l'orge. Les Kirghiz ont dû la donner à leurs chevaux, en jeter une partie le long de la route, avec l'intention de la prendre en s'en retournant. Ils ont aussi jeté du bois. Une fois le Kizil-Art passé, nous réglerons ce compte.

***

22 mars.

A sept heures, — 15 degrés, avec un faible vent d'est.

Les bergers sont renvoyés. Ils se confondent en salutations. Nous faisons charger, puis Sadik est prévenu que nous partons pour le Kizil-Art, qu'il faut que les autres Kirghiz nous aident à traverser la passe, sans quoi il y aura des têtes cassées, la sienne la première; puis celles de deux ou trois chefs à qui nous nous adressons. Nous ne voulons pas retourner à Ak-Basoga avant d'avoir constaté

CAMPEMENT EN FACE DE LA PASSE DU KARA-KOUL.

que le Kizil-Art est infranchissable et le Pamir pas « guéable ».

Si ce plateau ressemble à celui de l'Alaï, l'entreprise est au-dessus de nos forces. Sadik et les autres écoutent silencieux, sans qu'un muscle de leur figure tressaille; un bref papillotement de paupières est la seule marque d'émotion.

— Iakchi, bien! dit Sadik.

Et tous se lèvent et vont immédiatement apprêter leurs montures.

Rachmed fermera la marche, et, le revolver à la main, il obligera à marcher qui voudra fuir. Ménas ira derrière la première bande, il reçoit les mêmes ordres. Quant à nous, nous partons immé-

EN TENUE DE ROUTE.

diatement avec Sadik et les trois hommes à qui les Kirghiz obéissent. La caravane s'ébranle sous nos yeux, puis nous prenons les devants, car nous devons tracer la route.

A la confluence des rivières Kizil-Aguin et Kizil-Art, les amas sont considérables, et, plus d'une fois, nous remontons sur les collines qui bordent les berges. En bas, on se noierait dans deux mètres au moins de neige en poudre. Enfin, nous découvrons un chenal, et nous voilà sur le Kizil-Art, dont nous foulons la glace, grâce au balayage incessant du vent glacial du nord-est.

Allons, la route est bonne! Mais dès que nous tournons à gauche vers la passe, nous nous engageons dans un étroit défilé, et cela change. Il y a d'énormes quantités de neige. Naturellement, il est impossible de prendre la route habituelle qui suit le thalweg (1).

(1) Ligne que décrit le fond d'une vallée et suivant laquelle se dirigent les eaux courantes (C. S.).

Nous cherchons sur les flancs de la vallée les places les moins enneigées, et tantôt sur la rive droite, tantôt sur la gauche, nous avançons comme nous pouvons.

Après six heures de marche, d'ascensions pénibles, de descentes, de chutes, nous arrivons à un endroit où le val devient gorge. Nous n'apercevons pas encore le sommet de la passe, et les hommes et les chevaux sont étendus comme des agonisants sur une roche plate. Nous sommes trempés de sueur, à peine pouvons-nous ouvrir les yeux, nous avons mal à la tête, et la soif nous dévore; nous mangeons des poignées de neige.

*
* *

Sadik nous montre du doigt la masse blanche qui nous barre la route, et d'un geste de tête il me demande : « Continuons-nous? »

Je regarde les croupes blanches, elles s'occupent bien de nous! Le soleil les pare de la couleur rosée qu'on voit aux joues des vierges. Elles le sont.

— Aïda! Sadik! En avant, Sadik!

Sadik porte la main à sa barbe, et, se tournant vers la Mecque, il dit:

— Bismillah, au nom de Dieu! du ton d'un homme qui se courbe sous une fatalité inexorable.

Et il part, sondant l'hermine du Kizil-Art de son bâton. Puis il tombe, se relève, tombe encore, s'épuise en efforts; on le tire du trou, et il repart dès qu'il a repris haleine. Les trois Kirghiz se passent le rôle de chef de file; parfois ils vont chacun de leur côté chercher un gué, parfois tout le monde cherche. Et derrière les premiers, les autres vont, — glissant, culbutant, soufflant.

D'en haut, des bandes d'*arkars* (moutons sauvages) nous regardent longuement. Notre présence les surprend sans les effrayer. Nous ne leur faisons pas l'aumône d'un coup de fusil.

Enfin, voilà le tas de cornes posé sur un *mazar* (tombeau) qui marque le sommet du thalweg. Nous ne pouvons passer par là. Et nous prenons à gauche par les crêtes, nous les grimpons et nous nous laissons glisser de l'autre côté, sur le Pamir. Après dix heures de marche, à six heures un quart du soir, nous sommes campés à mi-côte, à 4,600 mètres environ, ayant à nos pieds la vallée de Markan-Sou.

Encore une journée que ceux qui l'ont vécu n'oublieront pas! Personne qui ne soit harassé de fatigue. Mais nous sommes contents du résultat, et le paysage paraît agréable, même à Rachmed, qui voudrait y voir un peu plus de monde, car il se plaît en aimable société.

Nous avons la joie des chercheurs lorsqu'ils trouvent, et tandis qu'un à un les chevaux reviennent au bivouac, où on les attire en leur montrant leur *taürba* (musette) pleine d'orge, je me délecte à regarder vers le sud, du côté du lac Kara-Koul. Par-dessus les hauteurs qui entourent la petite plaine de Markan-Sou que nous dominons, on aperçoit comme un grand vide au-dessus duquel vogue très lentement dans l'azur un nuage unique, rond et blanc ainsi qu'une boule énorme de neige que les *divs* (dieux, esprits) auraient lancée dans les airs et qui, soudainement impondérable, ne descend plus.

Aussi loin que l'œil voit, il n'y a que dos de montagnes qui ondulent, au-dessous de pics les dépassant de la cime comme des sultans debout, tête haute, au milieu de la foule inclinée.

Nous faisons un copieux repas de riz, de millet et de viande, et, les notes prises à la lueur de la bougie qu'on a peine à allumer, car elle est gelée, nous parlons des nôtres, de « chez nous ». Nous sommes gais : il y a une détente après tant de peine.

Pourvu que demain la neige diminue! La plaine a bonne mine, et j'ai un peu d'espoir. Mais dormons. Je n'ose penser à demain, je ne veux pas y penser. Tel un homme couché en joue ferme les yeux afin de ne pas voir venir le coup. Si, si,..... Dormons.

Nous avons escaladé le dernier rempart qui défend le « Toit du monde ».

Gabriel Bonvalot

KIRGHIZ DU RANG-KOUL.

www.ingramcontent.com/pod-product-compliance
Ingram Content Group UK Ltd.
Pitfield, Milton Keynes, MK11 3LW, UK
UKHW012308240726
13966UKWH00004B/1714